개정된 국어 교과서에 따른
글씨체 따라 쓰기

편집부편

와이 앤 엠

차 례

- 아기의 대답 — 5
- 아침 — 8
- 비눗방울 — 14
- 'ㄱ'에서 'ㅎ'까지 쓰기 — 22
- 우리글 바르게 쓰기 — 34
- 이가 아파요 — 38
- 강아지와 친한 친구가 되었다고 — 44
- 문장 부호 — 50
- 소 세 마리 — 60
- 토끼와 호랑이 — 70
- 바람이 좋아요 — 84
- 달팽이 — 105

개정된 국어 교과서에 따른
글씨체 따라 쓰기

①-1

🐟 소리내어 읽은 뒤 다음에 따라 써 봅시다.

아기의 대답

박목월

신규야 부르면
코부터 발름발름
대답하지요.

신규야 부르면
눈부터 생글생글
대답하지요.

보라색 글씨에 주의하며 따라 써 보세요.

아기의 대답

박목월

신규야 부르면

코부터 발름발름

대답하지요.

신규야 부르면

눈부터 생글생글

대답하지요.

🐟 시에 나오는 말의 느낌을 생각하며 '아침'을 소리내어 읽고 다음에 따라 써 봅시다.

아침

김상련

뚜, 뚜.
나팔꽃이 일어나래요.

똑, 똑.
아침 이슬이 세수하래요.

방긋, 방긋.
아침 해가 노래하재요.

보라색 글씨에 주의하며 따라 써 보세요.

아침

아침

김상련

김상련

뚜, 뚜.

뚜, 뚜.

나팔꽃이 일어나

나팔꽃이

래요.

똑, 똑.

아침 이슬이 세

수하래요.

방긋, 방긋.

아침 해가 노래

하재요.

| 코부터 |
| 눈부터 |
| 부르면 |
| 신규야 |

| 발름발름 |
| 생글생글 |
| 대답하지 |
| 부르면 |

뚜	,	뚜
뚜	,	뚜

이	슬	이
이	슬	이

아	침	
아	침	

방	긋	
방	긋	

나	팔	꽃	이
나	팔	꽃	이

일	어	나	래
일	어	나	래

세	수	하	래
세	수	하	래

아	침	해	가
아	침	해	가

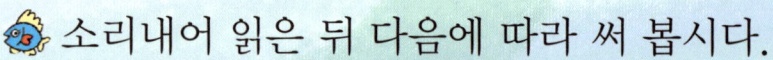 소리내어 읽은 뒤 다음에 따라 써 봅시다.

비눗방울

목일신

비눗방울 날아라.
바람 타고 동동동.
구름까지 올라라.
둥실둥실 두둥실.

비눗방울 날아라.
지붕 위에 동동동.
하늘까지 올라라.
둥실둥실 두둥실.

🐟 보라색 글씨에 주의하며 따라 써 보세요.

비눗방울

목일신

비눗방울 날아라.

바람 타고 동동

구름까지 올라라.

둥실둥실 두둥실.

비눗방울 날아라.

지붕까지 올라라.
지붕까지 올라라.

둥실둥실 두둥실.
둥실둥실 두둥실.

하늘까지 올라라.
하늘까지 올라라.

둥실둥실 두둥실.
둥실둥실 두둥실.

날아라 구름까지

올라라 바람 타고

동동동 비눗방울

두둥실 지붕 위에

날아라

동동동

올라라

두둥실

비눗방울

바람타고

구름까지

둥실둥실

동	동	동
동	동	동
올	라	라
올	라	라
두	둥	실
두	둥	실
날	아	라
날	아	라

지붕	위	에
지붕	위	에
하	늘	까지
하	늘	까지
둥	실	둥실
구	름	까지
비	눗	방울
비	눗	방울

'ㄱ'에서 'ㅅ' 'ㅎ'까지 쓰기

'ㄱ'에서 'ㅅ'까지 순서에 맞게 바르게 써 봅시다.

'ㅇ'에서 'ㅎ'까지 순서에 맞게 바르게 써 봅시다.

	ㅏ	ㅓ	ㅗ	ㅜ	ㅡ	ㅣ
ㅇ	아	어	오	우	으	이
ㅈ	자	저	조	주	즈	지
ㅊ	차					
ㅋ	카					
ㅌ	타					
ㅍ	파					
ㅎ	하					

🐟 예쁘게 따라 써 봅시다.

가	가	가							
거	거	거							
고	고	고							
구	구	구							
그	그	그							
기	기	기							
나	나	나							
너	너	너							
노	노	노							
누	누	누							
느	느	느							
니	니	니							
다	다	다							
더	더	더							

도	도	도
두	두	두
드	드	드
디	디	디
라	라	라
러	러	러
로	로	로
루	루	루
르	르	르
리	리	리
마	마	마
머	머	머
모	모	모
무	무	무

모	모	모							
미	미	미							
바	바	바							
버	버	버							
보	보	보							
부	부	부							
브	브	브							
비	비	비							
사	사	사							
서	서	서							
소	소	소							
수	수	수							
스	스	스							
시	시	시							

아	아	아
어	어	어
오	오	오
우	우	우
으	으	으
이	이	이
자	자	자
저	저	저
조	조	조
주	주	주
즈	즈	즈
지	지	지
차	차	차
처	처	처

초	초	초
추	추	추
츠	츠	츠
치	치	치
카	카	카
커	커	커
코	코	코
쿠	쿠	쿠
크	크	크
키	키	키
타	타	타
터	터	터
토	토	토
투	투	투

트	트	트
티	티	티
파	파	파
퍼	퍼	퍼
포	포	포
푸	푸	푸
프	프	프
피	피	피
하	하	하
허	허	허
호	호	호
후	후	후
흐	흐	흐
히	히	히

🐟 다음 그림을 보고 빈칸에 알맞은 글자를 써 넣으세요.

여우

호박

딸기

🐟 다음 그림을 보고 빈칸에 알맞은 글자를 보기와 같이 써 넣으세요.

🐟 위에 쓴 낱말을 다시 한 번 써 보세요.

 교

 우

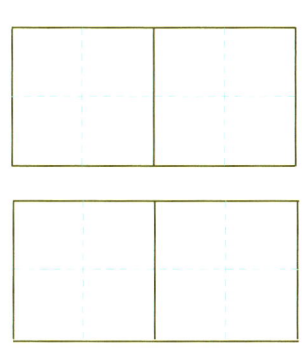

 개

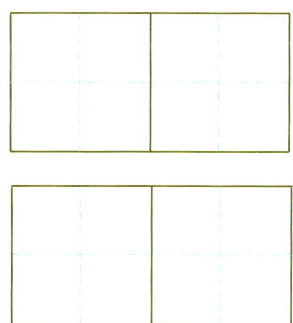

우리글 바르게 쓰기

1. 그림을 보고 안에 알맞은 낱말을 보기 에서 골라 써 보세요.

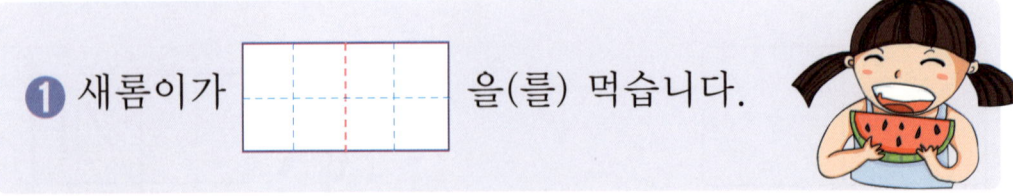

보기

도토리, 수박, 노래, 위, 춤, 나무, 음식, 나뭇잎

❶ 새롬이가 [　　　] 을(를) 먹습니다.

❷ 곰이 [　　] 을(를) 춥니다.

❸ 강아지가 [　　　] 을(를) 부릅니다.

❻ 다람쥐가 [　　　]을(를) 먹습니다.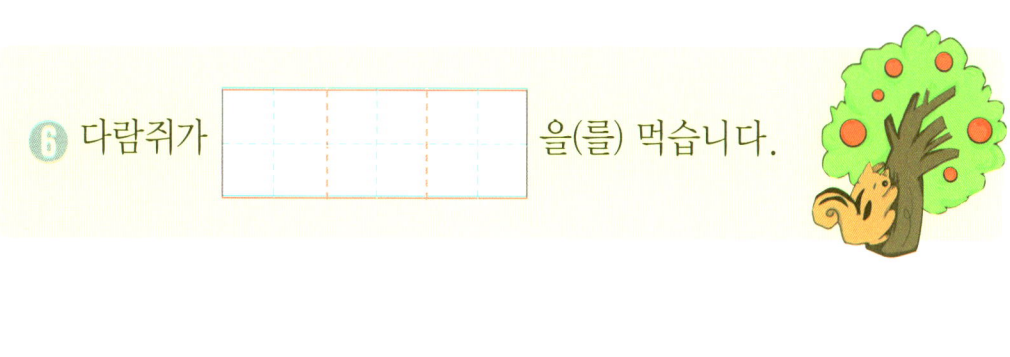

❹ 모두 모여 [　　]을(를) 먹습니다.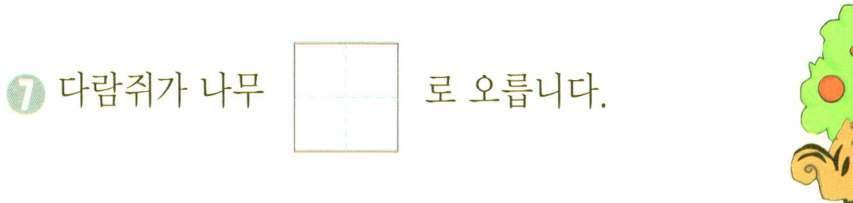

❺ 다람쥐가 [　　　　]을(를) 먹습니다.

❼ 다람쥐가 나무 [　]로 오릅니다.

❽ 여우가 [　　]위을(를) 쳐다봅니다.

사	과
사	과
우	유
우	유
거	위
거	위
여	우
여	우
춤	
춤	

호	박		
호	박		
딸	기		
딸	기		
국	수	수	박
국	수	수	박
공	책	책	상
공	책	책	상
나	뭇	잎	
나	뭇	잎	

| 연필 |
| 학교 |
| 새우 |
| 조개 |
| 위 |

필통	수박
교실	노래
우산	음식
개미	나무
도토리

이가 아파요

오늘 아침, 이가 너무 아팠습니다. 내가 얼굴을 찡그리자, 아버지께서 물으셨습니다.
"현수야, 왜 그러니?"
"아! 이가 아파요."
나는 그만 울음을 터뜨리고 말았습니다.

보라색 글씨에 주의하며 따라 써 보세요.

오늘 아침, 이가
너무 아팠습니다. 내
가 얼굴을 찡그리자,
아버지께서 물으셨습
니다.

"현수야, 왜 그러니?"

"아! 이가 아파요."

나는 그만 울음을

나는 그만 울음을
터뜨리고 말았습니다.

오늘 아침, 이가
너무 아팠습니다. 내
가 얼굴을 찡그리자

오늘

아침

이가

너무

내가

아팠습니다

아버지께서

물으셨습니

떠뜨리고

말았습니다

현수야

아파요

울음을

아이가

찡그리자

왜그러니

터뜨리고

나는그만

강아지와 친한 친구가 되었다고

현수야, ∨
네가 준 강아지와 친한 친구가 되었어.
고마워! ∨
이름은 초롱이야. ∨ 눈빛이 별처럼 초롱초롱해서 초롱이란다. ∨
초롱이가 얼마나 컸는지 궁금하지? ∨
다음에 초롱이와 함께 만나자. ∨

민지가

🐟 보라색 글씨에 주의하며 따라 써 봅시다.

현수야. ∨

네가 준 강아지와
친한 친구가 되었어. ∨

고마워! ∨

이름은 초롱이야.

눈빛이 별처럼 초롱
초롱해서 초롱이란다.
초롱이가 얼마나
컸는지 궁금하지?
다음에 초롱이와

다음에 초롱이와

함께 만나자. ⌵
함께 만나자. ⌵

민지가
민지가

현수야
친구가
되었어
고마워
다음에

네가 준
강아지와
초롱이야
초롱초롱
초롱이란

이름은

눈빛이

별처럼

얼마나

컸는지

초롱이가

궁금하지

초롱이와

만나자

문장 부호

민지야,
강아지 이름을 초롱이라고 지었구나.
참 예쁘다!
초롱이와 좋은 친구가 되었다니 기뻐.
초롱이도 너와 친구가 되어 좋아할 거야.
나도 초롱이가 보고 싶어.
초롱이와 함께 우리 집에 놀러 올래?

현수가

문장 부호의 쓰임을 생각하며 다음에 따라 써 봅시다.

민지야,
민지야,

　강아지 이름을 초
　강아지 이름을 초
롱이라고 지었구나.
롱이라고 지었구나.
참 예쁘다!
참 예쁘다!

　초롱이와 좋은 친
　초롱이와 좋은 친

51

구가 되었다니 기뻐.

초롱이도 너와 친구

가 되어 좋아할 거

나도 초롱이가 보

고 싶어.

문장 부호의 이름과 쓰임을 알아 봅시다.

온점

이름은 초롱이야.

문장 끝에 씁니다.

반점

현수야,

부르는 말 뒤에 씁니다.

느낌표

고마워!

느낌을 나타내는 문장 끝에 씁니다.

물음표

궁금하지?

묻는 문장 끝에 씁니다.

문장 부호의 쓰임을 생각하며 문장 부호를 ☐ 속에서 찾아 써 넣으세요.

| . | , | ! | ? |

① 우리 힘을 합칠까 ☐

② 아이코, 아이코 ☐

③ 호랑이가 덤벼들려고 하였어요 ☐

④ 만복아 ☐ 움직이지 마 ☐

⑤ 예진아 ☐ 지우개 있니 ☐

⑥ 토끼 지우개는 없어요 ☐

⑦ 왜 그래 ☐

현수가 쓴 쪽지 글을 읽고, 문장 부호에 따라 띄어 읽는 방법을 알아 봅시다.

① 민지야, ∨

② 강아지 이름을 초롱이라고 지었구나. ∨

③ 참 예쁘다! ∨

④ 초롱이와 좋은 친구가 되었다니 기뻐. ∨

⑤ 초롱이도 너와 좋은 친구가 되어 좋아할 거야. ∨

⑥ 나도 초롱이가 보고 싶어. ∨

⑦ 초롱이와 함께 우리 집에 놀러 올래? ∨

민지야
민지야

예쁘다
예쁘다

친구가
친구가

좋아할
좋아할

지었구나
지었구나

되었다니
되었다니

초롱이도
초롱이도

초롱이가
초롱이가

기뻐
기뻐

너와
너와

함께
함께

집에
집에

좋은 친구
좋은 친구

보고 싶어
보고 싶어

놀러 올래
놀러 올래

우리 집에
우리 집에

🐟 54쪽의 해답입니다. 문장 부호에 주의하며 따라 써 봅시다.

우리 힘을 합칠까?

아이코, 아이코!

호랑이가 덤벼들려고

하였어요.

만복아, 움직이지 마!

예진아, 지우개 있니?

토끼 지우개는 없어

요.

왜 그래?

📖 문장 부호를 생각하며 읽어 봅시다.

소 세 마리

누렁소 세 마리는 언제나 함께 다녔어요. 호랑이는 소를 잡아먹고 싶었어요. 그래서 날마다 기회만 엿보고 있었지요.

어느 날, 호랑이가 덤벼들려고 하였어요. 그러자 소 세 마리는 한데 모였지요.

"우리, 힘을 합칠까?"

"좋아!"

누렁소 세 마리는 함께 호랑이한테 뿔을 들이밀었어요.

그러자 호랑이는

"아이코, 아이코!"

하며 달아났어요.

문장 부호를 생각하며 다음에 따라 써 봅시다.

소 세 마리

　누렁소 세 마리는

언제나 함께 다녔어

요. 호랑이는 소를

잡아먹고 싶었어요.

그래서 날마다 기회

만 엿보고 있었지요.

어느 날, 호랑이가

덤벼들려고 하였어요.

그러자 소 세 마리

그러자 소 세 마리
는 한데 모였지요.
는 한데 모였지요.

"우리, 힘을 합칠
"우리, 힘을 합칠
까?"
까?"

"좋아!"
"좋아!"

누렁소 세 마리는 함께 호랑이한테 뿔을 들이밀었어요.

그러자 호랑이는
"아이코, 아이코!"

누렁소
마리는
언제나
그래서

다녔어요
호랑이는
잡아먹고
싶었어요

날마다

기회만

엿보고

그러자

있었지요

어느 날

호랑이가

하였어요

함께

소를

한데

우리

덤벼들려고

호랑이한테

들이밀었어

달아났어요

합칠까
합칠까

그러자
그러자

아이고
아이고

우리
우리

모였지요
모였지요

호랑이는
호랑이는

힘을
힘을

뿔을
뿔을

토끼와 호랑이

토끼가 깊은 산속을 지나고 있었어요. 그때 갑자기 호랑이가 나타났어요.
"어흥, 너를 잡아먹어야겠다!"
토끼는 무서웠지만 얼른 꾀를 내었어요.
"호랑이님, 제발 살려주세요. 그 대신 제가 맛있는 떡을 구워드릴게요."

호랑이는 떡을 먼저 먹고 난 뒤에 토끼를 잡아먹어야겠다고 생각하였어요.

토끼는 활활 타오르는 불 위에 돌멩이를 올려 구웠어요,

"참, 이 떡은 꿀을 찍어 먹어야 맛있어요. 호랑이님, 꿀을 가져올 테니 잠시만 기다리세요."

토끼는 깡충깡충 뛰어 마을로 내려갔어요.

"어흥, 그것 참 맛있게 생겼군."

배가 고팠던 호랑이는 뜨거운 돌멩이 하나를 집어 꿀꺽 삼켰어요.
"앗, 뜨거워!"
호랑이는 너무 뜨거워서 엉엉 울었어요.

보라색 글씨에 주의하며 따라 써 봅시다.

토끼와 호랑이
토끼가 깊은 산속
을 지나고 있었어요.
그때 갑자기 호랑이

가 나타났어요.

"어흥, 너를 잡아

먹어야겠다!"

토끼는 무서웠지만

얼른 꾀를 내었어요.

"호랑이님, 제발

살려 주세요. 그

대신 제가 맛있는

떡을 구워 드릴게

요."

호랑이는 떡을 먼

저 먹고 난 뒤에
저 먹고 난 뒤에

토끼를 잡아먹어야겠
토끼를 잡아먹어야겠

다고 생각하였어요.
다고 생각하였어요.

토끼는 활활 타오

르는 불 위에 돌멩

이를 올려 구웠어요.

"참, 이 떡은 꿀

을 찍어 먹어야

맛있어요. 호랑이님,

꿀을 가져올 테니

잠시만 기다리세요."

토끼는 깡충깡충 뛰어 마을로 내려갔어요.

"어흥, 그것 참

맛있게 생겼군."

배가 고팠던 호랑

이는 뜨거운 돌멩이

하나를 집어 꿀꺽

삼켰어요.

"앗, 뜨거워!"

호랑이는 너무 뜨거워서 엉엉 울었어요.

바람이 좋아요

글 : 최내경, 그림 : 이윤희

 엄마, 바람개비 만들었어요. 예쁘죠?
혼자서 만든 거예요.
 우리 통이 대단한데? 색칠도 혼자 한 거야?
 그럼요. 어, 왜 안 돌아가지? 야호! 돌아간다!
 그런데 왜 바람개비는 앞으로 쑥 내밀어야 돌아가는 거죠?
 바람개비는 바람이 있어야 돌아가.

후- 하고 불어 봐.

　후- 후- 와, 날아간다!

　민들레 씨앗이 멀리멀리 가고 싶은가 봐요.

　바람이 어디든 데려다 줄 거야.

　비가 세차게 쏟아지는 날, 바람이 우산을 이리저리 잡아당겨요.

　바람이 우리 통이보다 힘이 센가 보다.

공차기를 하고 난 뒤 땀이 주르륵 흐르면 바람이 와서 살며시 닦아 주어요.
참 고마운 바람이구나.

빨래들이 신 나게 춤을 추어요.
바람과 함께 하나, 둘, 셋. 하나, 둘, 셋.
어느새 뽀송뽀송 다 말랐어요.
엄마는 바람이 좋아.

생일 케이크 촛불을 끄는 것도 바람이에요.
후– 하고 불면 내 바람이 이루어져요.
엄마, 나도 바람이 좋아요.

보라색 글씨에 주의하며 따라 써 봅시다.

바람이 좋아요
바람이 좋아요

엄마, 바람개비 만
엄마, 바람개비 만

들었어요. 예쁘죠?
들었어요. 예쁘죠?

혼자서 만든 거예
혼자서 만든 거예

요.
요.

우리 통이 대단한 데? 색칠도 혼자 한 거야? 그럼요. 어, 왜 안 돌아가지? 어, 왜

🐟 보라색 글씨에 주의하며 따라 써 보세요.

안 돌아가지? 야호?

돌아간다!

그런데 왜 바람개

비는 앞으로 쑥 내

밀어야 돌아가는 거

죠?

바람개비는 바람이

있어야 돌아가.

후- 하고 불어

봐.

후- 후- 와, 날

아간다!

민들레 씨앗이 멀

리멀리 가고 싶은가
봐요.

　바람이 어디든 데
려다 줄 거야.

　비가 세차게 쏟아

지는 날, 바람이 우
산을 이리저리 잡아
당겨요.

바람이 우리 통이

보다 힘이 센가 보
다.

공차기를 하고 난
뒤 땀이 주르륵 호
르면 바람이 와서

살며시 닦아 주어요.
살며시 닦아 주어요.

참 고마운 바람이
참 고마운 바람이

구나.
구나.

빨래들이 신 나게
빨래들이 신 나게

춤을 주어요.

바람과 함께 하나,
둘, 셋. 하나, 둘, 셋.
어느새 뽀송뽀송
다 말랐어요.

엄마는 바람이 좋
아.

생일 케이크 촛불
을 끄는 것도 바람
이에요.

후- 하고 불면

내 바람이 이루어져

요.

엄마, 나도 바람이

좋아요.

| 엄마 |
| 만든 |
| 우리 |
| 통이 |
| 혼자 |

| 바람개비가 |
| 만들었어요 |
| 안 돌아가지 |
| 들이밀었어 |
| 바람개비는 |
| 후 하고 |

힘이	싶은가봐요
센가	우리 통이
보다	잡아당겨요
땀이	바람이구나
하나	이루어져요

대단한데

돌아간다

멀리멀리

쏟아지는

이리저리

예쁘죠

혼자서

거예요

색칠도

그럼요

통이보다

공차기는

빨래들이

뽀송뽀송
쏟아지는

말랐어요

앞으로

민들레

씨앗이

어디든

좋아요

달팽이

"예솔아, 달팽이 좀 봐."

내 말을 듣고 동생 예솔이가 거실로 나왔다. 달팽이가 화분에서 떨어져 기어가고 있었다. 달팽이가 자꾸만 예솔이 앞으로 다가갔다. 예솔이가 놀란 표정으로 피하였다.

나는 달팽이를 화분으로 옮겨 주었다. 달팽이가 우리 집에서 잘 살았으면 좋겠다.

보라색 글씨에 주의하며 따라 써 봅시다.

달팽이

"예솔아, 달팽이

좀 봐."

내 말을 듣고 동

생 예솔이가 거실로

나왔다. 달팽이가 화분에서 떨어져 기어가고 있었다. 달팽이가 자꾸만 예솔이 앞으로 다가갔다. 예

솔이가 놀란 표정으

로 피하였다.

나는 달팽이를 화

분으로 옮겨 주었다.

달팽이가 우리 집에

서 잘 살았으면 좋
겠다.

개정된 국어 교과서에 따른
글씨체 따라 쓰기 ①-1

초판 3쇄 발행 2015년 5월 25일

글 편집부

펴낸이 서영희 | **펴낸곳** 와이 앤 엠

편집 임명아

본문인쇄 명성 인쇄 | **제책** 정화 제책

제작 이윤식 | **마케팅** 강성태

주소 120-100 서울시 서대문구 홍은동 376-28

전화 (02)308-3891 | **Fax** (02)308-3892

E-mail yam3891@naver.com

등록 2007년 8월 29일 제312-2007-000040호

ISBN 978-89-93557-48-0   63710

본사는 출판물 윤리강령을 준수합니다.